Stefanie Leisentritt

Heraheiligtümer – Topographie, Weihungen, Kulte: Da

CW00664392

GRIN - Verlag für akademische Texte

Der GRIN Verlag mit Sitz in München hat sich seit der Gründung im Jahr 1998 auf die
Veröffentlichung akademischer Texte spezialisiert.

Die Verlagswebseite www.grin.com ist für Studenten, Hochschullehrer und andere Akade-
miker die ideale Plattform, ihre Fachtexte, Studienarbeiten, Abschlussarbeiten oder Disser-
tationen einem breiten Publikum zu präsentieren.

Stefanie Leisentritt

Heraheiligtümer – Topographie, Weihungen, Kulte: Das Heraion von Argos

GRIN Verlag

Bibliografische Information der Deutschen Nationalbibliothek: Die Deutsche Bibliothek
verzeichnet diese Publikation in der Deutschen Nationalbibliografie; detaillierte bibliografische Daten sind im Internet über http://dnb.d-nb.de/ abrufbar.

1. Auflage 2008
Copyright © 2008 GRIN Verlag
http://www.grin.com/
Druck und Bindung: Books on Demand GmbH, Norderstedt Germany
ISBN 978-3-640-33414-8

Eberhard Karls Universität Tübingen

Institut für Klassische Archäologie

PS: Griechische Heiligtümer

WS 2007 / 2008

Heraheiligtümer – Topographie, Weihungen, Kulte

Das Heraion von Argos

Stefanie Leisentritt

Fächer / Abschluss: Geschichte, Klassische Archäologie / Magister

Semesteranzahl: 5

Inhaltsverzeichnis

Einleitung 3

1. Lage des Heiligtums 3

2. Die Topographie des Heiligtums 4

   2.1 Die Kultbauten 5

      2.1.1 Die Tempelterrasse und der Alte Tempel 5

      2.1.2 Der Neue Tempel 7

      2.1.3 Der Altar 8

   3.2 Die Bauten für Besucher 9

      2.2.1 Die Stoai 9

      2.2.2 Das Westgebäude und das Ostgebäude 11

      2.2.3 Die römischen Gebäude 12

3. Die Vorgeschichte des Heiligtums 13

4. Der Hera-Kult 14

   4.1 Warum wurde Hera verehrt? 14

   4.2 Das Kultbild 15

   4.3 Die Heraia 16

   4.4 Die Weihegeschenke 17

5. Bedeutung und Funktion des Heiligtums 18

Zusammenfassung 19

Literaturverzeichnis 21

Einleitung

Die Griechischen Heiligtümer waren in ihrer Blütezeit mehr als nur die gebauten Strukturen, wie wir sie heute sehen. Sie waren Orte für Kultausübung und Kulthandlungen, die meist außerhalb der Gebäude stattfanden und so heute erst über antike Textquellen nachvollzogen werden können. Die Heiligtümer hatten eine facettenreiche Bedeutung, politisch und wirtschaftlich, die sich oft schon in ihrer Lage niederschlug. Außerdem war ihre Funktion meist mehr als nur ein heiliger Ort zu sein, sie waren gleichzeitig Orakel- und Heilstätten, Orte der Selbstdarstellung und Repräsentation der Besucher.[1]

So umfasst auch die Arbeit über das Hera-Heiligtum von Argos mehr, als nur eine Vorstellung der einzelnen Gebäude, die erstmals 1831 identifiziert wurden.

Die Hauptausgrabungen im Heraion fanden dann 1892 – 1895 unter der Leitung von Charles Waldstein von der American School of Athens statt. Dieser publizierte seine Grabungsergebnisse schließlich in den Jahren 1902 – 1905.[2] Mit dem Hera-Kult und der Bedeutung des Heiligtums beschäftigte man sich allerdings erst mehrere Jahrzehnte später.

Zuerst soll kurz auf die Lage des Heiligtums eingegangen werden, daraufhin folgt eine ausführlichere Vorstellung der einzelnen Gebäude, aufgeteilt in Kultbauten und Bauten für Besucher. Anschließend erfolgt eine Untersuchung der Vorgeschichte des Heiligtums, in der der Frage nachgegangen wird, warum gerade dieser Ort für den Bau des Heraions gewählt wurde. Das Thema des Kultes beschäftigt sich zum einen mit der Frage, warum Hera in der Argolis so große Verehrung fand, zum anderen sollen die Kultbilder, das Fest zu Ehren der Hera – die Heraia, und die Weihegeschenke vorgestellt werden.

Am Ende wird die Bedeutung des Heraions von Argos in der Antike erläutert.

1. Lage des Heiligtums

Das Heraion von Argos liegt am Saum der fruchtbaren Ebene Argolis und ist 8 km von Argos, 5 km von Mykene und 9 km von Tiryns entfernt.[3] Es handelt sich um ein extraurbanes

---

[1] siehe dazu T. Hölscher, Rituelle Räume und politische Denkmäler im Heiligtum von Olympia, in: H. Kyrieleis (Hrsg.), Olympia 1875 – 2000. 125 Jahre deutsche Ausgrabungen. Internationales Symposion, Berlin 9. - 11. November 2000 (Mainz 2002) 331 – 345.
[2] I. Strøm, The Early Sanctuary of the Argive Heraion and its External Relations, 8th – early 6th Centuries B.C., Acta Archaeologica 59, 1988, 173 – 203, 173.
[3] C. Auffarth, Das Heraion von Argos oder das Heraion der Argolis?, in: K. Freitag (Hrsg.), Kult – Politik – Ethnos. Überregionale Heiligtümer im Spannungsfeld von Kult und Politik. Kolloquium, Münster 23.-24. November 2001, Historia-Einzelschriften 189 (Stuttgart 2006) 73 – 87, 78.

Heiligtum, das an einem kleinen, von zwei Schluchten eingerahmten Hügel des Euböa Gebirges liegt. Durch jede Schlucht fließt ein kleiner Fluss.[4]

Zum Heiligtum führen zwei antike Wege, einer beginnt in Mykene, der andere geht von Argos aus. Für den mykenischen Weg hat man archäologische Überreste gefunden[5], für den Weg von Argos aus gibt es lediglich einen mythologischen Beweis – die jährliche Prozession von Argos zum Heraion.[6]

Die Lage des Heraions von Argos kann als typisch für Hera-Heiligtümer bezeichnet werden, die oftmals entfernt von einer Stadt in einem fruchtbaren Gebiet liegen.[7] Dieser Umstand ist auf die Aufgabengebiete der Göttin zurückzuführen.

2. Die Topographie des Heiligtums

Da das Heraion in einen Hügel gebaut wurde, mussten an diesem zuerst drei Terrassen angelegt werden, die die Grundlage für die Gebäude des Heiligtums bilden. Die oberste Terrasse beherbergte den Alten Tempel, die mittlere Terrasse die Nordstoa, die Nordoststoa und später noch den neuen Tempel, die untere Terrasse schließlich die Südstoa. Der Altar wird auf der mittleren Terrasse vermutet, allerdings fehlen bisher stichhaltige Beweise für seine Lage. Außerhalb der genannten Terrassen liegen das Ost-, das Nordwest- und das Westgebäude. Westlich des Heiligtums befinden sich Spuren römischer Bauten, wohl Thermen und ein Gymnasion.[8]

Über die Wege innerhalb des Heiligtums ist sehr wenig bekannt. Zwischen Nord- und Nordoststoa führte eine Rampe zum oberen Alten Tempel[9], die in frühklassischer Zeit durch eine große Freitreppe ersetzt wurde[10]. Der Weg führte dann an der Südwand des Tempels entlang und auf diesen im Osten zu. Auf der mittleren Terrasse befindet sich eine große freie Fläche, von der man annehmen kann, dass sie Kulthandlungen gedient hat.[11]

---

[4] Strom a.O. (Anm. 2) 174; 176.

[5] J. M. Hall, How Argive is the Argive Heraeum? The Political and Cultic Geography of the Argive Plain 900 – 400 B.C., AJA 99, 1995, 577-613, 600.

[6] Hall a.O. (Anm. 5) 592.

[7] vgl. das Heraion von Samos

8 Strom a.O. (Anm. 2) 176; A. Foley, The Argolid 800 – 600 BC. An Archaeological Survey, Studies in Mediterranean Archaeology 80 (Göteborg 1988) 135; S. G. Miller, The Date of the West Building at the Argive Heraion, AJA 77, 1973, 10- 18, 9.

[9] Strom a.O. (Anm. 2) 177.

[10] H. Lauter, Zur frühklassischen Neuplanung des Heraions von Argos, Mitteilungen des DAI. Athenische Abteilung 88, 1973, 175 – 187, 182.

[11] G. Gruben, Griechische Tempel und Heiligtümer (München [5]2001) 108 – 111, 109.

Auffällig ist, dass sich der Alte Tempel zu Nord- und Nordoststoa wie der Neue Tempel zur Südstoa verhält[12].

Eine Temenosmauer hat wohl zu keiner Zeit existiert[13].

2.1 Die Kultbauten

Im Heraion von Argos findet man die Reste zweier Hera-Tempel. Der Altar wirft einige Probleme auf, da weder sein Aussehen noch seine genaue Lage geklärt sind. Nur wenige Spuren lassen überhaupt auf seine Existenz schließen.[14]

Kultbauten oder Altäre anderer Gottheiten konnten nicht nachgewiesen werden und tauchen auch in den antiken Textquellen nicht auf.

2.1.1 Die Tempelterrasse und der Alte Tempel

Vor Baubeginn des Alten Tempels musste für diesen erst einmal eine Terrasse angelegt werden.[15]

Die Terrasse hat eine rechteckige Form und liegt unterhalb der Akropolis des Hügels; sie wurde in den Hang über dem späteren Neuen Tempel gebaut[16]. Sie wird von einer 3,25 m hohen Mauer[17] aus großen unbearbeiteten Blöcken zusammengehalten.[18] Die Blöcke sind sehr unregelmäßig geformt und zwischen diesen großen Blöcken befinden sich kleinere.[19] Durch ihr Aussehen erinnert die Terrassenmauer an eine mykenische Kyklopenmauer[20]. Die Terrasse wurde dann künstliche mit Erde gefüllt und ein Drittel mit unregelmäßigen Kalksteinplatten[21] in zwei bis drei Schichten gepflastert[22].

Tilton, der Architekt von Waldstein, hielt die Kyklopenmauer für authentisch und datierte die Terrasse in die mykenische Zeit[23]. Vier Jahrzehnte später führte Blegen umfangreiche

---

[12] R. A. Tomlinson, Argos and the Argolid. From the End of the Bronze Age to the Roman Occupation (London 1972) 237.
[13] In den Grabungsberichten und der folgenden Literatur finden sich keinerlei Hinweise darauf.
[14] Strom a.O. (Anm. 2) 176.
[15] C. M. Antonaccio, Terraces, Tombs and the Early Argive Heraion, Hesperia 61, 1992, 85 – 105, 90.
[16] Antonaccio a.O. (Anm. 15) 90; Strom a.O. (Anm. 2) 178.
[17] Strom a.O. (Anm. 2) 178.
[18] Antonaccio a.O. (Anm. 15) 90. Die Mauer ist im Süden 55,8 m lang, im Westen 34,4 m breit und im Osten 19,5 m lang.
[19] J. C. Wright, The Old Temple Terrace at the Argive Heraeum and the Early Cult of Hera in the Argolid, The Journal of Hellenic Studies 102, 1982, 186-201, 186.
[20] Antonaccio a.O. (Anm. 15) 91.
[21] Es handelt sich um einen harten hellgrauen bis blauen Kalkstein aus der Argolis, die Platten sind 0,3 – 0,5 m hoch, und ihre Oberfläche ist ca. 1,0 m x 0,75 – 1,25 m.
[22] Antonaccio a.O. (Anm. 15) 90; Wright a.O. (Anm. 19) 186.
[23] Ch. Waldstein, The Argive Heraeum I (New York 1902) 109f.

Untersuchungen zur Datierung durch. Er grub an mehreren Stellen Gräben in die Terrasse und fand darin ein paar minoische und größtenteils geometrische Scherben, woraufhin er die Terrasse in die geometrische Zeit, in das späte 8. oder frühe 7. Jahrhundert datierte.[24] Wright kam durch Untersuchungen von Stil und Technik der Terrasse auf dasselbe Ergebnis[25]. Antonaccio schließlich datierte sie ins späte 7. Jahrhundert, da noch vereinzelt korinthische und „griechische" Überreste gefunden wurden.[26]

Vom Alten Tempel ist lediglich ein 19,2 m langer Abschnitt des südlichen Stylobats erhalten, dieser befindet sich noch in situ und liegt auf dem Pflaster der Terrasse. Der untere Teil des Stylobats ist unbearbeitet[27], dieser Teil war vermutlich mit Erde bedeckt, die zugleich den Fußboden des Alten Tempels darstellte[28]. Auf dem Stylobat befinden sich vier kreisförmige Spuren von Säulen, die leicht in den Stein eingesunken sind. Man kann hieraus den unteren Durchmesser der Säulen rekonstruieren, sowie das Interkolumnium und den Säulenabstand. Der Säulenabstand ist mit ca. 3,5 m relativ groß.[29] Bei den ersten Grabungen fand man eine ca. 25 cm hohe Schicht aus dunkelroter Erde, in der sich verkohlte Holzteile und Reste von flachen Ziegelsteinen befanden. Man kann davon ausgehen, dass es sich hierbei um Reste der Cellawände und des Holzgebälks handelt.[30]

Der Alte Tempel wird als Hekatompedon mit Peristase rekonstruiert, der symmetrisch innerhalb der Tempelterrasse lag. Man rekonstruiert fünf Frontsäulen und fünf Säulen am Ende des Tempels; die seitlichen Säulen sind nicht genau rekonstruierbar.[31] Bei den Säulen muss es sich entweder um reine Steinsäulen oder um Holzsäulen mit Steinbasen gehandelt haben.[32] Die Cellawände waren 0,5 m breit und aus sonnen getrockneten Lehmziegeln. Der Tempel besaß ein tiefes Opisthodom, eine offene Front[33], Holzgebälk und vermutlich ein Strohdach oder eine Konstruktion aus Flechtwerk und Lehm.[34]

Der Alte Tempel muss logischerweise später als die Tempelterrasse erbaut worden sein, daher gilt als terminus post quem 700 v.Chr.[35] Über den Bauplan, die Proportionen und die

---

[24] C. W. Blegen, Prosymna. The Helladic Settlement Preceding the Argive Heraeum (Cambridge 1937) 19f.
[25] Wright a.O. (Anm. 19) 191f.
[26] Antonaccio a.O. (Anm. 15) 90; 95.
[27] Strom a.O. (Anm. 2) 178.
[28] Strom a.O. (Anm. 2) 186.
[29] Strom a.O. (Anm. 2) 180.
[30] Strom a.O. (Anm. 2) 180.
[31] Strom a.O. (Anm. 2) 181f.
[32] Die erhaltenen Säulenspuren auf dem Stylobat zeigen, dass die Säulen leicht eingesunken waren, d.h. es konnte sich Regenwasser an der Basis ansammeln. Wäre das Fundament der Säule aus Holz gewesen, so wäre dies vermutlich sehr schnell verrottet. Strom a.O. (Anm. 2) 184; Tomlinson a.O. (Anm. 12) 233.
[33] Strom a.O. (Anm. 2) 182.
[34] Strom a.O. (Anm. 2) 186.
[35] Strom a.O. (Anm. 2) 187.

technischen Details des Tempels kann man ihn eindeutig ins 7. Jahrhundert datieren.[36] Durch den Vergleich mit fest datierbaren Tempeln des 7. Jahrhunderts ergibt sich für die Datierung des Alten Tempels im Heraion von Argos die Zeit von 700 – 650 v.Chr. Damit zählt er zu den ältesten Peripteraltempeln Griechenlands.[37] Der Kult fand zu dieser Zeit wohl bereits auf der zweiten Terrasse unterhalb des Alten Tempels statt.[38]

423 v.Chr. brannte der Alte Tempel vollständig nieder[39] und der Bau des Neuen Tempels begann.

2.1.2 Der Neue Tempel

Der Neue Tempel liegt an einer anderen Stelle wie der Alte Tempel, was ungewöhnlich ist. Daraus kann man schließen, dass der Bau dieses Tempels schon vor dem Brand des Alten Tempels geplant war.[40] Vor dem Bau wurde die bereits für die Nord- und Nordoststoa angelegte Terrasse für das neue Gebäude vorbereitet und im Westen massive Stützmauern angebracht.[41]

Vom Neuen Tempel sind lediglich die Fundamente[42] aus Poros in situ erhalten, Überreste des Oberbaus sind ebenfalls erhalten, wurden aber bei den ersten Ausgrabungen teilweise von ihren ursprünglichen Plätzen entfernt.[43] Die Stufen, das Pflaster und die Basis der Wände sind aus lokalem Kalkstein, der strapazierfähiger ist.[44] Die Ziegel und der Bauschmuck sind aus weißem, vermutlich pentelischem Marmor aus Attika. Erhalten haben sich auch verschiedene Säulentrommeln und Kapitelle, aus denen man die Höhe der Säulen von 7,4 m rekonstruieren kann. Ebenfalls sind Fragmente vom Gebälk, wie der Architrav und Metopen und Triglyphen, erhalten.[45] Vom Innenraum ist relativ wenig erhalten, seine Form bleibt unklar. Im Süden sind fünf und im Norden vier Grundpfeiler für Säulen zu sehen, ein sechster liegt auf der angenommenen Rückwand des Tempels.[46]

---

[36]Strom a.O. (Anm. 2) 187 gibt hier die ungerade Zahl der Frontsäulen, den langen Grundplan, das Verhältnis des unteren Säulendurchmessers zum Säulenabstand, die Holzsäulen mit Steinbasen und die Lehmziegelwände der Cella als Begründung an.

[37] Strom a.O. (Anm. 2) 187; 191.

[38] Gruben a.O. (Anm. 11) 109.

[39] Pausanias 2,17,7 gibt den Grund dafür an: die Herapriesterin Chriseis schläft ein und ein brennender Leuchter entflammte Kränze im Tempel. Antonaccio a.O. (Anm. 15) 97.

[40] Tomlinson a.O. (Anm. 12) 239.

[41] Tomlinson a.O. (Anm. 12) 239f.

[42] Die Fundamente sind 39,5 m lang und etwas mehr als 20 m breit.

[43] Tomlinson a.O. (Anm. 12) 242.

[44] Tomlinson a.O. (Anm. 12) 242f.

[45] Tomlinson a.O. (Anm. 12) 243.

[46] Tomlinson a.O. (Anm. 12) 244.

Der Neue Tempel ist ein dorischer Tempel, der stark von athenischen Proportionen beeinflusst ist.[47] Er wurde vom Architekt Eupolemos erbaut, von dem nicht mehr bekannt ist, als dass er Argiver war.[48] Beim Tempel handelt es sich um einen Peripteros mit 6 x 12 Säulen, der eine dreistufige Krepis besitzt, die im Osten von einer Rampe unterbrochen wird.[49] Die Position der Cellawände kann leicht durch die erhaltenen Fundamente bestimmt werden, an der Vorderseite befand sich ein Pronaos mit zwei Säulen in antis. Auf der Rückseite befand sich wahrscheinlich ein Opisthodom.[50]

Über den Stil der Kapitelle kann man den Neuen Tempel in die Zeit zwischen 420 und 400 v.Chr. datieren.[51] Baubeginn war damit nach dem Brand des Alten Tempels, obwohl der Neue Tempel schon davor geplant wurde.[52] Es liegt also eine gewisse Zeit zwischen Planung und Bau, was darauf zurückzuführen ist, dass zur selben Zeit in Athen ein großes Bauprogramm[53] stattfand, zu dem sehr wahrscheinlich auch Arbeiter und Handwerker aus dem Heraion abberufen wurden.

2.1.3 Der Altar

Bei der Größe und Bedeutung des Heiligtums muss es eigentlich einen Altar gegeben haben, dieser wirft allerdings beträchtliche Probleme auf. Das wahrscheinlich älteste und wichtigste Monument des Heraions ist noch immer nicht genau lokalisiert.[54]

Man hat auf der mittleren Terrasse, vor allem westlich des Neuen Tempels Ascheschichten mit Tierknochen und –zähnen gefunden, die zum Auffüllen von Felsspalten benutzt wurden. Hierbei könnte es sich um Reste eines Aschenaltars handeln, der jedoch an einer anderen Stelle erbaut wurde. Östlich des Alten Tempels ist kein Platz für einen Altar vorhanden, östlich des Neuen Tempels ist der Aufstellungsort für einen Altar am wahrscheinlichsten, da dort eine große ebene Stelle vorhanden ist.[55]

Blegen fand an dieser Stelle ein schmales rechteckiges Steinfundament mit den Maßen 21,5 x 2,4 m aus unbearbeiteten Steinen, das nach Norden ausgerichtet gewesen sein soll und 18 m östlich des Neuen Tempels liegen soll. Von diesem Fundament existieren allerdings weder

---

[47] Tomlinson a.O. (Anm. 12) 241.
[48] Tomlinson a.O. (Anm. 12) 242.
[49] Tomlinson a.O. (Anm. 12) 243.
[50] Tomlinson a.O. (Anm. 12) 244.
[51] Amandry a.O. (Anm. 76) 273f.
[52] Tomlinson a.O. (Anm. 12) 241.
[53] Unter Perikles auf der Akropolis: Erechtheion, Propyläen… . Tomlinson a.O. (Anm. 12) 242.
[54] Strom a.O. (Anm. 2) 176; Foley a.O. (Anm. 8) 136.
[55] Strom a.O. (Anm. 2) 176.

Bilder noch Zeichnungen oder genaue Pläne, so dass die Lage des Altars bis heute noch nicht geklärt ist.[56]

3.2 Die Bauten für Besucher

Einen großen Teil des Heiligtums nehmen die Gebäude für Besucher ein, was sicherlich damit zusammenhängt, dass es sich hier um ein extraurbanes Heiligtum handelt und sich die Menschen dort entsprechend länger aufhielten und Orte benötigten, an denen sie sich von der Anreise erholen konnten.[57] Auch eine nicht zu unterschätzende Rolle spielt hier die große Festprozession zu Ehren der Hera, die einmal im Jahr stattfand.[58]

2.2.1 Die Stoai

Im Heraion von Argos befinden sich drei gesicherte Stoai, bei einem weiteren Gebäude könnte es sich gleichfalls um eine Säulenhalle handeln; dies kann jedoch durch die spärliche Forschungsarbeit noch nicht mit Bestimmtheit gesagt werden.

Die Nordstoa ist ein zweischiffiges, L-förmiges Gebäude, von dem sich große Teile der Fundamente aus Poros erhalten haben, darunter auch der Stylobat.[59] Von der dreistufigen Krepis fehlen an einigen Stellen die unteren Stufen. Die archaische Stoa besaß allerdings lediglich eine einstufige Krepis, die zwei unteren Stufen wurden bei späteren Modernisierungsarbeiten nur angeschoben.[60] Vom äußeren und inneren Säulengang hat man Säulentrommeln aus Poros und archaische Säulenkapitelle im dorischen Stil gefunden.[61]

Aus römischer Zeit stammt das Kapitell C[62], Renovierungen der Wände, sowie drei rechteckige Becken am westlichen Ende der Stoa.[63] Die Säulenhalle wurde also in römischer Zeit renoviert.

Erbaut wurde sie wohl direkt nach dem Alten Tempel, eine relativ genaue Datierung kann über den vorhandenen Bauschmuck erfolgen. Die dorischen Kapitelle, die sich noch in der Nordstoa befinden, werden ins späte 7. oder frühe 6. Jahrhundert datiert, womit eine Datierung der Nordstoa auf ca. 600 v.Chr. wahrscheinlich ist.[64]

---

[56] Strom a.O. (Anm. 2) 176f.
[57] Tomlinson a.O. (Anm. 12) 238.
[58] Genaueres in Kapitel 4.3
[59] Strom a.O. (Anm. 2) 196.
[60] Lauter a.O. (Anm. 10) 176.
[61] Foley a.O. (Anm. 8) 137.
[62] C.A. Pfaff, Capital C from the Argive Heraion, Hesperia 74, 2005, 575 – 584, 579.
[63] Pfaff a.O. (Anm. 61) 581.
[64] Foley a.O. (Anm. 8) 137.

Die gefundenen Teile der rechteckigen Nordoststoa sind ebenfalls aus Poros, auch hier haben wir noch einen Großteil der Fundamente in situ erhalten.[65] Die Nordwand ähnelt in ihrem Aussehen der Terrassenwand.[66] Auch hier gab es wohl eine oder sogar mehrere Umbauphasen, da zwei Quermauern im Gebäude und zwei Außenmauern nicht zum ursprünglichen Aussehen gehören können.[67] Die Stoa besaß einen inneren Säulengang und war mit 2,5 m Höhe recht niedrig.[68] Die ursprüngliche Gestalt der Hallenfront ist noch unklar; man nimmt an, dass es entweder eine äußere Säulenstellung oder eine von Türen durchbrochene Wand gab.[69] Die Treppe, die vor der Nordoststoa liegt, hat eine andere Ausrichtung wie die Südmauer der Nordoststoa, sie muss also später gebaut worden sein.[70]

Diese neuen Baumaßnahmen, wie auch die Umbauten an der Nordstoa, hängen sehr wahrscheinlich mit der Neugestaltung des Platzes vor dem Bau des Neuen Tempels zusammen. Die Anlage des Platzes auf der mittleren Terrasse sollte wohl vereinheitlicht werden.[71]

Diese archaische Stoa kann über ihre Kapitelle in die Mitte des 6. Jahrhunderts datiert werden.[72]

Das Nordwestgebäude könnte eine weitere Stoa darstellen[73], allerdings fehlen hier die dazu nötigen Forschungen. Waldstein vermutet, dass es sich um ein Propyläum handeln könnte.[74]

Die rechteckige Südstoa öffnet sich zur argivischen Ebene hin und wurde aus Poros und einem härteren grauen Kalkstein im rein dorischen Stil erbaut. Die erhaltenen Teile weisen auf eine sorgfältigere Arbeitstechnik als bei den anderen Stoai hin. Sie ist für ihre Zeit sehr groß[75] und eigentlich eher typisch für den Hellenismus.[76] Der innere Säulengang ist besonders gut erhalten[77], außerdem hat man dorische Kapitelle im peloponnesischen Stil in der Südstoa gefunden.[78] Da eine innere Säule komplett erhalten ist, ist die Säulenhöhe und somit auch die

---

[65] Strom a.O. (Anm. 2) 196.
[66] Foley a.O. (Anm. 8)137.
[67] Lauter a.O. (Anm. 10) 177.
[68] Foley a.O. (Anm. 8) 137.
[69] Lauter a.O. (Anm. 10) 177.
[70] Lauter a.O. (Anm. 10) 178f.
[71] Lauter a.O. (Anm. 10) 179.
[72] Foley a.O. (Anm. 8) 137.
[73] Tomlinson a.O. (Anm. 12) 237.
[74] Waldstein a.O. (Anm. 23) 134.
[75] 44,48 m x 11,10 m.
[76] C.A. Pfaff, A Re-evaluation of the Roof of the South Stoa at the Argive Heraion, The Annual of the British School at Athens 96, 2001, 261 – 279, 261.
[77] P. Amandry, Observations sur les Monuments de l'Heraion d'Argos, Hesperia 21, 1952, 222 – 274, 256.
[78] Tomlinson a. O. (Anm. 12) 241.

Höhe des Gebäudes bekannt. Die äußeren und inneren Säulen sahen gleich aus und waren dorisch.[79] Die Stufen und der Stylobat sind ebenfalls erhalten und wurden aus hartem grauem Kalkstein erbaut.[80] Die tragenden Balken des Daches waren aus Holz und wohl mit Terrakotta verkleidet.[81]

Über die dorischen Kapitelle kann die Stoa in das 5. Jahrhundert v.Chr. datiert werden.[82]

Die Steintreppen, die südlich und östlich der Südstoa liegen, dienten vermutlich als Aufgang und als Tribüne für die Prozession.[83]

Die verschiedenen Stoai boten den Besuchern einen Aufenthaltsort und man konnte dort auch Weihegeschenke aufbewahren.[84] Sie flankieren außerdem die Wege zu den einzelnen Tempeln.[85]

2.2.2 Das Westgebäude und das Ostgebäude

Das Westgebäude liegt auf einem niedrigeren Grund wie der Neue Tempel und gehört somit nicht zur mittleren Terrasse. Vor dem Bau dieses Gebäudes hat man eine künstliche Plattform aus dem Fels geschlagen, im Süden und im Westen wurde ein Podest konstruiert.[86] Das Westgebäude erscheint zunächst fast quadratisch, tatsächlich sind die Ost- und die Westwand aber 2,10 m länger als die Nord- und die Südwand. Die Fundamente sind fast vollständig erhalten, lediglich ein Stück des Stylobats fehlt.[87]

Das Westgebäude besaß eine große mittlere Peristasis, die auf drei Seiten des Baus doppelt verlief. Im Norden gab es nur eine einfache Säulenreihe, an die sich drei Räume anschlossen. Der Eingang zum Westgebäude liegt zwischen dem westlichen und dem mittleren der drei Räume.[88] In den Räumen befinden sich Steinstützen für Holzliegen.[89]

Die Datierung erfolgte in der früheren Forschung auf das 6. Jahrhundert v.Chr.[90], dies kann aber durch eine Untersuchung des Verhältnisses zum Neuen Tempel widerlegt werden. Die westliche Mauer der mittleren Terrasse, die vor dem Bau des Neuen Tempels angebracht

---

[79] J.J. Coulton, The Columns and Roof of the South Stoa at the Argive Heraion, The Annual of the British School at Athens 68, 1973, 65 – 85, 67.
[80] Coulton a.O. (Anm. 78) 65.
[81] Pfaff a.O. (Anm. 75) 261.
[82] Amandry a.O. (Anm. 76) 257f.
[83] Lauter a.O. (Anm. 10) 184.
[84] Tomlinson a.O. (Anm. 12) 238; Gruben a.O. (Anm. 11) 110.
[85] Strom a.O. (Anm. 2) 196.
[86] Miller a.O. (Anm. 8) 9.
[87] Amandry a.O (Anm. 76) 240.
[88] Miller a.O. (Anm. 8) 9.
[89] Tomlinson a.O. (Anm. 12) 238; Miller a.O. (Anm. 8) 9.
[90] Miller a.O. (Anm. 8) 9.

wurde, dient nicht nur als Stützmauer der Grundlage des Tempels, sondern stellt zugleich auch sicher, dass das Westgebäude nicht durch herabfallende oder nachrückende Steine bzw. Erdmassen gefährdet ist. Das Westgebäude kann also erst nach dem Neuen Tempel erbaut worden sein, da dieser nötige Schutz vorher nicht bestand. Somit wird es in die letzte Hälfte des 5. Jahrhunderts oder sogar noch etwas später datiert.[91] Dazu passt auch, dass Liegen nie in älteren Gebäuden vorhanden waren.[92]

Anhand der Liegen kann man auch die Funktion des Westgebäudes erkennen. Es handelt sich um Speiseräume in einem Banketthaus.[93]

Das Ostgebäude ist um einiges weniger bekannt als das Westgebäude. Es handelt sich um ein rechteckiges Gebäude mit drei inneren Säulenreihen mit je fünf Säulen, die einst das Dach gehalten haben. Vor dem Eingang des Ostgebäudes befinden sich sieben Säulen in antis.[94]

Datiert wird dieser Bau in das 4. Jahrhundert v.Chr.[95]

Zur Funktion kann leider nicht sehr viel gesagt werden, Waldstein vermutet aufgrund der hier gefundenen Skarabäen einen Mysterienkult aus Ägypten.[96]

2.2.3 Die römischen Gebäude

Die römischen Gebäude im Heiligtum wurden so gut wie gar nicht untersucht.[97] Die Überreste sind stark durchmischt und unter den römischen Bauteilen finden sich griechische Überreste.[98] Es handelt sich bei den Bauten wohl um Thermen und um ein Gymnasion.[99] Ferner müssen noch die Umbauten und Renovierungen vor allem der Nord- und der Nordoststoa aus römischer Zeit erwähnt werden. Das Hera-Heiligtum war also auch hier noch in Benutzung.[100]

---

[91] Miller a.O. (Anm. 8)10f.
[92] Miller a.O. (Anm. 8) 17.
[93] Tomlinson a.O. (Anm. 12) 230.
[94] Tomlinson a.O. (Anm. 12) 237.
[95] Waldstein a.O. (Anm. 23) 116.
[96] Waldstein a.O. (Anm. 23) 116.
[97] Erwähnung nur bei Gruben a.O. (Anm. 11) 109 und kurze Beschreibung bei Waldstein a.O. (Anm. 23) 134.
[98] Waldstein a.O. (Anm. 23) 134.
[99] Gruben a. O. (Anm. 11) 109; Lauter a.O. (Anm. 10) 183.
[100] siehe Kapitel 2.2.1

3. Die Vorgeschichte des Heiligtums

Die Wahl des Ortes für den Bau des Heraions von Argos außerhalb der Stadt könnte auf eine Kultkontinuität aus mykenischer Zeit hindeuten.[101] Tatsächlich sind auch eine größere Anzahl von Siedlungsspuren aus dieser Zeit vorhanden, ob tatsächlich auch Spuren eines alten Kultes nachgewiesen werden können, ist noch unklar. Das Gebiet, auf dem das Heraion gegründet wurde, wurde schon in prähistorischer Zeit genutzt, die ältesten Spuren stammen aus dem Neolithikum.[102] Die Spuren reichen bis in die spätminoische Zeit, also um etwa 1200 v.Chr.[103] Siedlungsüberreste wurden auf der Akropolis über der oberen Terrasse gefunden und auch auf der mittleren Terrasse[104], diese Siedlung wurde vermutlich in spätminoischer Zeit aufgegeben.[105] Auch südlich der oberen Terrasse befinden sich spätminoische Hausmauern[106] und im gesamten Gebiet sind mittelminoische Gräber erhalten. 1 km westlich des Heraions befindet sich ein frühmykenischer Grabhügel[107] und nordwestlich der alten Siedlung wurden 50 spätmykenische Kammergräber gefunden. In 13 von ihnen hat man Weihegaben aus dem späten 8. Jahrhundert entdeckt.[108] Der große Grabhügel weist auf einen mykenischen Palast hin, von dem auch ein Kult hätte ausgehen können. Im Gebiet des Heraions fand man jedoch keinerlei Spuren eines solches Palastes[109], was darauf schließen lässt, dass der Grabhügel sich möglicherweise auf den Palast in Mykene bezog.[110]

Neben frühminoischem Schutt unter der Südstoa fand man im gesamten Gebiet früh-, mittel- und spätminoische Scherben. Den einzigen Beweis eines mykenischen Kultes könnte man in spätmykenischen Terrakotta-Figuren und einem Terrakotta Stierkopf Rhyton sehen, die als Votive gedient haben könnten.[111] Ebenso wären diese Objekte aber auch als Grabbeigaben denkbar.

Die frühere Forschungsmeinung, dass am Ende der Bronze Zeit die Nutzung des Gebietes endete, und dass es somit über die Dunklen Jahrhunderte, also die Zeit von etwa 1200 – 750 v.Chr., keine Besiedlung gab, wird heute zurückgewiesen[112], da es durchaus auch Funde aus

---

[101] Tomlinson a.O. (Anm. 12) 34.
[102] Antonaccio a.O. (Anm. 15) 89.
[103] Antonaccio a.O. (Anm. 15) 89.
[104] Antonaccio a.O. (Anm. 15) 89.
[105] T. Kelly, A History of Argos to 500 B.C., Minnesota Monographs in the Humanities 9 (Minneapolis 1976) 62.
[106] Antonaccio a.O. (Anm. 15) 101.
[107] Strom a.O. (Anm. 2) 174.
[108] Foley a.O. (Anm. 8) 137.
[109] Strom a.O. (Anm. 2) 174.
[110] Wright a.O. (Anm. 19) 198.
[111] Strom a.O. (Anm. 2) 174.
[112] Foley a.O. (Anm. 8) 137.

dieser Zeit gibt, wie ein paar wenige protogeometrische und zahlreiche geometrische Scherben und Nadeln.[113]

Die gesicherten Weihungen beginnen dann im späten 8. Jahrhundert, also in spätgeometrischer Zeit.[114]

Einen anderen Beweis einer Kultkontinuität finden wir bei Hellanikos, einem Historiker des 5. Jahrhunderts v.Chr. Er überliefert eine Namensliste der Hera-Priesterinnen vom Heraion von Argos, die bis ins zweite Jahrtausend v.Chr. zurückreicht. Heute nimmt man an, dass die dort verehrte Gottheit eine allumfassende Göttin aus der Bronzezeit war, die wohl aber einen anderen Namen als Hera trug. Diese Göttin könnte für eine Kultkontinuität über die Dunklen Jahrhunderte gesorgt haben.[115]

4. Der Hera-Kult

Über die alltäglichen Kulthandlungen für die Göttin Hera im Heraion erfahren wir sehr wenig, da es fast keine Quellen hierzu gibt. Es gab eine Hera-Priesterin, die sich wohl auch dauerhaft im Heiligtum aufhielt. Sie war gleichzeitig Hüterin der Lampe im Heiligtum.[116]

4.1 Warum wurde Hera verehrt?

Hera hatte schon sehr lange eine starke mythologische Verbindung zur gesamten Argolis[117] und im Besonderen zur Stadt Argos.[118] Argos galt in der Antike – neben Samos – als Geburtsort der Hera.[119] Aus Linear-B-Tafeln geht hervor, dass Hera schon in mykenischer Zeit dort verehrt wurde.[120] Diese Interpretation wird heute jedoch eher zurückgewiesen, dennoch kann man annehmen, dass vor Hera eine große weibliche Gottheit in der Argolis verehrt wurde, die dann möglicherweise in Hera überging.[121]

Hera ist in der Argolis eine sehr differenzierte Göttin, sie war neben Hochzeit und Ehe, Fruchtbarkeit und häuslichen Angelegenheiten auch für die Landwirtschaft und sogar den

---

[113] Antonaccio a.O. (Anm. 15) 90; Strom a.O. (Anm. 2) 175f.
[114] Antonaccio a.O. (Anm. 15) 101.
[115] Tomlinson a.O. (Anm. 12) 202f.
[116] W. Pötscher, Das Hera-Fest im Heraion von Argos, Acta antiqua Academiae Scientiarum Hungaricae 37, 1996 – 1997, 25 – 36, 26.
[117] Hall a.O. (Anm. 5) 603.
[118] Strom a.O. (Anm. 2) 198; wir wissen von insgesamt 5 Hera-Heiligtümern in der Stadt Argos selbst, sie sind jedoch noch nicht identifiziert.
[119] Foley a.O. (Anm. 8) 138.
[120] Foley a.O. (Anm. 8) 137.
[121] Tomlinson a.O. (Anm. 12) 203.

Krieg zuständig. Sie unterscheidet sich damit stark von der bei Homer genannten Ehefrau des Zeus, was möglicherweise auch auf eine Kultkontinuität aus mykenischer Zeit hindeutet.[122] Hera erfährt auch in der Ilias eine starke Verbindung zur Argolis; sie war die Beschützerin der argivischen Helden. Es wäre daher denkbar, dass sie an den Orten, die mit diesen Personen in Verbindung gebracht wurden, besondere Verehrung erfuhr.[123]

4.2 Das Kultbild

Aus dem Heraion von Argos ist kein Kultbild erhalten. Aus einem Bericht des Pausanias[124] erhält man jedoch eine Beschreibung des klassischen Kultbildes, das Polyklet gefertigt hat. Pausanias schreibt:

> „Das Kultbild der Hera sitzt auf einem Thron und ist von bedeutender Größe, aus Gold und Elfenbein, ein Werk des Polyklet. Sie trägt eine Krone, an der Chariten und Horen dargestellt sind, und hält in der einen Hand einen Granatapfel, in der anderen ein Szepter. Die Legende über den Granatapfel will ich lassen, da sie geheimer ist; auf dem Szepter soll aber ein Kuckuck sitzen, [...]"

Danach berichtet Pausanias[125] von einem älteren Kultbild, das sich zur Zeit seines Besuches wohl ebenfalls noch im Tempel befand. Es handelte sich hierbei um eine Sitzstatue aus Birnenholz, das Peirasos einst der Hera in Tiryns geweiht hatte. Es wird dann von Argos geraubt und im Tempel des Heraions von Argos aufgestellt.[126]

Westlich des Neuen Tempels wurde ein achteckiger Steinpfeiler gefunden, der ein paar bemerkenswerte Besonderheiten aufweist. Er besitzt eine Art Sitzfläche, die gleich wie der Rest des Pfeilers bearbeitet wurde, es wurde also nicht versehentlich abgeschlagen. Außerdem ist der unterste senkrechte Teil nicht poliert, was darauf hinweist, dass dieser verdeckt war. Man kann also annehmen, dass es sich hierbei um einen Sitz oder einen Thron mit Fußbank handelte, der wohl für das hölzerne Kultbild gefertigt wurde.[127]

Auch der Alte Tempel enthielt vermutlich ein hölzernes Kultbild, das aber dann beim Brand von 423 v.Chr. zusammen mit dem Tempel verbrannte, worauf man auf das Kultbild aus Tiryns zurückgriff.[128]

---

[122] Hall a.O. (Anm. 5) 604.
[123] Wright a.O. (Anm. 19) 197.
[124] Paus. 2,17,4.
[125] Paus. 2,17,5.
[126] Auffarth a.O. (Anm. 3) 82.
[127] Strom a.O. (Anm. 2) 195f.
[128] Strom a.O. (Anm. 2) 196.

4.3 Die Heraia

Das Fest mit Prozession zu Ehren der Hera wurde Heraia oder auch Hekatombaia genannt.[129] Über das Fest gibt uns Herodot Auskunft, der den Mythos von Kleobis und Biton beschreibt.[130] Kleobis und Biton waren die Söhne der Herapriesterin von Argos. Diese drohte zu spät zu den Heraia zu kommen, da die Rinder, die ihren Karren ziehen sollten, noch nicht gekommen waren. Da übernahmen Kleobis und Biton die Rolle der Rinder und zogen den Wagen mit ihrer Mutter zum Heraion. Sie stellten so sicher, dass das Fest reibungslos ablaufen konnte. Im Heraion angekommen, betete die Mutter zu Hera und erbat für ihre Söhne das Beste, was einem Menschen passieren kann. Daraufhin starben die beiden im Heiligtum als glückliche, junge Menschen. Herodot[131] berichtet weiterhin, dass die Argiver Standbilder der beiden Jünglinge anfertigen ließen und diese in Delphi weihten.

Neben den Informationen bei Herodot kann man den Ablauf des Festes vor allem durch den Vergleich mit anderen Festen rekonstruieren.[132]

Die Heraia waren ein eintägiges Fest, das jedes Jahr einmal im Monat Panamos[133] gefeiert wurde.[134] Sehr wahrscheinlich handelte es sich hierbei um ein Hochzeitsfest, bei der die Hochzeit von Hera und Zeus gefeiert wurde.[135] Zugleich stellte es auch ein Neujahrsfest dar.[136]

Die Feierlichkeiten begannen am Vorabend mit einem Nachtfest, was dort gemacht wurde, ist schwer zu sagen. Man traf wohl Vorbereitungen für den Agon und stimmte sich in einem „feucht-fröhlichen Gelage"[137] auf das Hochzeitsfest ein.[138]

Im Morgengrauen oder kurz nach Sonnenaufgang findet dann der Agon statt, der wahrscheinlich kriegerischer Natur war. Auch hier sind leider nur wenige Hinweise erhalten. Danach zieht die Prozession von Argos aus ins Heraion. Angeführt wird der Festzug von der Hera-Priesterin auf ihrem Rinderkarren, ihr folgen bewaffnete Jünglinge und Jungfrauen aus Argos, zuletzt kommen die übrigen Festteilnehmer. Auch die 100 Rinder, die Opfertiere für Hera, wurden im Zug mitgetrieben.[139] Bei Eintreffen des Festzugs mussten aber auch schon

---

[129] Pötscher a.O. (Anm. 115) 26.
[130] Herodot 1,31.
[131] Herodot 1,31.
[132] Pötscher a.O. (Anm. 115) 26.
[133] Der Monat Panamos fällt in die Zeit von Mitte Juni bis Mitte Juli, wo die Tage am längsten sind.
[134] Pötscher a.O. (Anm. 115) 35.
[135] Pötscher a.O. (Anm. 115) 25; Foley a.O. (Anm. 8) 139.
[136] Pötscher a.O. (Anm. 115) 26.
[137] Pötscher a.O. (Anm. 115) 35.
[138] Pötscher a.O. (Anm. 115) 35f.
[139] Pötscher a.O. (Anm. 115) 35.

einige Zuschauer im Heraion anwesend sein, die von den Stoai den Einzug der Prozession beobachteten.[140]

Im Heraion angekommen, tritt die Priesterin vor das Kultbild der Hera und betet zu ihr. Anschließend finden das Opfer der 100 Rinder und das Festmahl für die Teilnehmer statt.[141]

Das Fest weit durch den Agon und die bewaffneten Jünglinge auch einen militärischen Charakter auf. Vermutlich wollte Argos seine wehrfähige Jugend präsentieren, die in der Lage ist Argos und das Heraion zu schützen.[142]

4.4 Die Weihegeschenke

Die ersten möglichen Votivgaben tauchen früher als der Alte Tempel auf, es handelt sich um Scherben, Nadeln und Gewandfibeln aus protogeometrischer Zeit. Allerdings ist nicht geklärt, und wird es wohl auch nie werden, ob es sich bei diesen Objekten tatsächlich um Weihungen handelt, oder sie einfach eine nicht-kultische Funktion besaßen.[143]

Ab dem 8. Jahrhundert besitzen wir dann eine ganze Fülle an Weihegeschenken, darunter zahlreiche kleine Bronzen. Daneben gibt es viele Terrakottafiguren, zum einen einer sitzenden Frau, die wahrscheinlich die Stifterinnen repräsentieren, zum anderen von Männern gestiftete Kriegerdarstellungen, die auf Heras Aspekt als Schützerin im Krieg hinweisen. Auch die typischen Darstellungen der Opfertiere aus Ton tauchen immer wieder auf - Vögel, Hirsche und Ziegen.[144] Aus der Archaik gibt es sehr viele Keramik-Weihungen, teilweise findet man diese auch aus geometrischer Zeit. Über 50 % der archaischen Votivkeramik stellen Hydrien dar. Dies kann verschiedene Gründe haben. Zum einen weist es sicherlich auf die jährliche Erneuerung von Heras Jungfräulichkeit durch ein Bad hin, zum anderen sollte Wasserreichtum garantiert werden.[145]

Auch bronzene Nadeln und Fibeln wurden in großer Anzahl meist von Frauen geweiht. Weitere metallene Objekte stellen bronzene Tiere, vor allem Pferde, Dreifüße und Spieße dar.[146]

Auf der gepflasterten oberen Tempelterrasse wurden Fragmente von zwei bronzenen Kesseln gefunden, was darauf hinweisen könnte, dass man die Terrasse zuerst als Aufstellungsort von großen Weihgaben genutzt hat.[147]

---

[140] Pötscher a.O. (Anm.115) 31.
[141] Pötscher a.O. (Anm. 115) 31.
[142] Pötscher a.O. (Anm. 115) 27.
[143] Hall a.O. (Anm. 5) 593.
[144] Foley a.O. (Anm. 8) 138.
[145] Foley a.O. (Anm. 8) 137.
[146] Foley a.O. (Anm. 8) 138.

Die Weihgaben stammen fast alle aus Werkstätten aus Argos, inwieweit Fremde im Heraion geweiht haben, kann nicht mehr nachvollzogen werden.[148]

Von einigen großartigen Weihegeschenken, von denen allerdings nichts mehr vorhanden ist, berichtet Pausanias[149]: ein Schild, den Menelaos dem Euphorbos in Ilion abgenommen hat; einen Altar aus Silber mit einer Reliefdarstellung der Hochzeit von Hebe und Herakles; ein Pfau aus Gold und Edelsteinen, geweiht von Kaiser Hadrian und einen Goldkranz und ein Purpurgewand von Kaiser Nero. Diese teuren Votivgaben zeigen gleichzeitig auch die Bedeutung, die dem Heraion von Argos selbst in der römischen Kaiserzeit noch zukam.

5. Bedeutung und Funktion des Heiligtums

Das Heraion von Argos war ein bedeutendes, aber lokales Heiligtum in der Argolis.[150] Unklar ist allerdings, von welchen Städten es besucht wurde.

Die antiken Textquellen liefern uns einige Hinweise zu diesem Problem. Pindar[151] verbindet das Heraion in seiner 10. Nemeischen Ode aus dem Jahre 464 v.Chr. fest mit der Stadt Argos.[152] Vier Jahrhunderte später erfahren wir von Strabon[153], dass Mykene zunächst die stärkere Stadt war und Mykene und Argos das Heiligtum zusammen verwalteten. Pausanias[154] schließlich schreibt im 2. Jahrhundert n. Chr. über das Heraion und setzt es an die Spitze seiner Argos-Beschreibung. Er erklärt das Heraion zum Zeichen der Dominanz von Argos über Mykene und Tiryns und zählt es damit klar zu Argos.[155]

Die in Kapitel 1 besprochenen Wege zum Heraion lassen vermuten, dass eine Verbindung des Heraions zu Mykene und Argos bestand.

Aus diesen Informationen ergeben sich zwei unterschiedliche Thesen. Einige Forscher sind der Ansicht, dass das Heraion zuerst ein gemeinsames Heiligtum der Städte in der östlichen Argolis war und diesen auch als Treffpunkt diente.[156] Vor allem in der östlichen Argolis war der Hera-Kult sehr verbreitet. Ab ca. 460 v.Chr. begann Argos dann seine Macht zu demonstrieren, indem es Mykene und Tiryns zerstört, die Gebiete erobert und auch das

---

[147] Strom a.O. (Anm. 2) 193.
[148] Foley a.O. (Anm. 8) 139.
[149] Paus. 2,17,6.
[150] Strom a.O. (Anm. 2) 200; Foley a.O. (Anm. 8) 135; Tomlinson a.O. (Anm. 12) 3.
[151] Pind. Nem. 10,24.
[152] Hall a.O. (Anm. 5) 596.
[153] Strab. 8,6,10.
[154] Paus. 2,17,1-7.
[155] Auffarth a.O. (Anm. 3) 79.
[156] Hall a.O. (Anm. 5) 579; Kelly a.O. (Anm. 104) 62.

Heraion für sich allein beansprucht.[157] Das Heraion wird somit zum Symbol von Argos' Herrschaft über die Ebene.[158] Eine zweite Gruppe von Forschern nimmt an, dass das Heraion noch nie ein gemeinsames Heiligtum gewesen ist, sondern von Anfang an zu Argos gehört hat.[159] Dafür spricht auch, dass Hera die Hauptgottheit von Argos war, von Mykene und Tiryns dagegen war es Athena.[160] Hegemonische Bestrebungen auf der Seite von Argos gab es auch schon lange vor 460 v.Chr., als Argos am Ende des 8. Jahrhunderts Asine und am Ende des 7. Jahrhunderts Nauplia zerstört hat.[161] Außerdem ging es schon seit langer Zeit gegen Sparta vor.[162] Diese Ereignisse zeigen, dass Argos seine Übermacht bereits Ende des 8. Jahrhunderts demonstriert hat und diese durch den Bau des Heraions inmitten der Argolis darstellt.

Eine zusätzliche Schwierigkeit bei der Beantwortung der Frage nach der Zugehörigkeit des Heraions stellen die antiken Textquellen dar, da sie oftmals sehr ungenau mit den Begriffen Argos und argivisch umgehen. Homer bezeichnet damit einerseits die Stadt Argos, andererseits auch das ganze Gebiet und an einigen Stellen bezeichnet er alle Griechen als Argiver. Daraus lässt sich ableiten, dass „Hera Argeia" nicht zwangsläufig „Hera aus Argos" bedeuten muss.[163]

Zusammenfassung

Das Heraion von Argos ist ein extraurbanes Heiligtum, das unter der Verwaltung der Stadt Argos stand. Ob es vor der Machtentfaltung von Argos ein gemeinsames Heiligtum verschiedener Städte der Argolis, wie Mykene, Tiryns oder Nauplia, war, konnte noch nicht hinreichend geklärt werden. Die Lage des Heraions in einer fruchtbaren Ebene ist jedoch typisch für Hera-Heiligtümer.

Die Bauten sind nur in ihren Fundamenten erhalten, von den übrigen Bauteilen findet man jedoch auch viele Überreste, so dass Rekonstruktionen möglich sind. Die zwei gesicherten Hera-Tempel werfen weniger Probleme auf als der Altar, von dem nicht einmal seine genaue Lage als bekannt gelten kann. Die übrigen Bauten, meist für die Besucher des Heiligtums sind unterschiedlich gut erforscht. Bei manchen von ihnen beschränken sich die Publikationen auf den Grabungsbericht.

---

[157] Hall a.O. (Anm. 5) 579.
[158] Hall a.O. (Anm. 5) 611f.
[159] Auffarth a.O. (Anm. 3) 81.
[160] Auffarth a.O. (Anm. 3) 79.
[161] Auffarth a.O. (Anm. 3) 79.
[162] Antonaccio a.O. (Anm. 15) 102.
[163] Hall a.O. (Anm. 5) 580.

Auch nicht hinreichend geklärt werden kann die Frage nach der Vorgeschichte des Heiligtums. Siedlungsüberreste mit Gräbern können als gesichert angesehen werden, Reste eines bronzezeitlichen Kultes sind nicht eindeutig.

Ob die Verehrung der Göttin Hera an diesem Ort von einer Kultkontinuität abgeleitet werden kann, ist ebenfalls unklar. Es besteht jedoch schon in der Ilias des Homer eine starke Verbindung zwischen Hera und der Argolis. Eine Verbindung zwischen Hera und Argos ist gegeben durch die jährlich stattfindenden Heraia, deren Prozession ihren Anfang in Argos hat. Das bedeutende, aber lokale Heraion von Argos weist somit viele Charakteristika eines Hera-Heiligtums auf.

Literaturverzeichnis

- P. Amandry, Observations sur les Monuments de l'Heraion d'Argos, Hesperia 21, 1952, 222 – 274.

- C. M. Antonaccio, Terraces, Tombs and the Early Argive Heraion, Hesperia 61, 1992, 85 – 105.

- C. Auffarth, Das Heraion von Argos oder das Heraion der Argolis?, in: K. Freitag (Hrsg.), Kult – Politik – Ethnos. Überregionale Heiligtümer im Spannungsfeld von Kult und Politik. Kolloquium, Münster 23.-24. November 2001, Historia-Einzelschriften 189 (Stuttgart 2006) 73 – 87.

- C. W. Blegen, Prosymna. The Helladic Settlement Preceding the Argive Heraeum (Cambridge 1937).

- J.J. Coulton, The Columns and Roof of the South Stoa at the Argive Heraion, The Annual of the British School at Athens 68, 1973, 65 – 85.

- A. Foley, The Argolid 800 – 600 BC. An Archaeological Survey, Studies in Mediterranean Archaeology 80 (Göteborg 1988).

- G. Gruben, Griechische Tempel und Heiligtümer (München [5]2001) 108 – 111.

- J. M. Hall, How Argive is the Argive Heraeum? The Political and Cultic Geography of the Argive Plain 900 – 400 B.C., AJA 99, 1995, 577-613.

- T. Kelly, A History of Argos to 500 B.C., Minnesota Monographs in the Humanities 9 (Minneapolis 1976).

- H. Lauter, Zur frühklassischen Neuplanung des Heraions von Argos, Mitteilungen des DAI. Athenische Abteilung 88, 1973, 175 – 187.

- S. G. Miller, The Date of the West Building at the Argive Heraion, AJA 77, 1973, 10- 18.

- C.A. Pfaff, Capital C from the Argive Heraion, Hesperia 74, 2005, 575 – 584.

- C.A. Pfaff, A Re-evaluation of the Roof of the South Stoa at the Argive Heraion, The Annual of the British School at Athens 96, 2001, 261 – 279.

- W. Pötscher, Das Hera-Fest im Heraion von Argos, Acta antiqua Academiae Scientiarum Hungaricae 37, 1996 – 1997, 25 – 36.

- I. Strøm, The Early Sanctuary of the Argive Heraion and its External Relations, 8th – early 6th Centuries B.C., Acta Archaeologica 59, 1988, 173 – 203.

- R. A. Tomlinson, Argos and the Argolid. From the End of the Bronze Age to the Roman Occupation (London 1972).

- Ch. Waldstein, The Argive Heraeum I (New York 1902).

- J. C. Wright, The Old Temple Terrace at the Argive Heraeum and the Early Cult of Hera in the Argolid, The Journal of Hellenic Studies 102, 1982, 186-201.